VAMOS PRATICAR AS LETRAS: C e D

C C C C C C

c c c c c c

D D D D D D

d d d d d d

VAMOS PRATICAR AS LETRAS: E e F

E

e

F

f

VAMOS PRATICAR AS LETRAS: G e H

G G G G G G

g g g g g g

H H H H H H H H H

h h h h h h

VAMOS PRATICAR AS LETRAS: I e J

I I I I I I

i i i i i i

J J J J J J

j j j j j j

VAMOS PRATICAR AS LETRAS: K e L

K K K K K K

k k k k k k

L L L L L L

l l l l l l

VAMOS PRATICAR AS LETRAS: M e N

M M M M M M M

m m m m m m m

N N N N N N

n n n n n n

VAMOS PRATICAR AS LETRAS: O e P

O

o

P

p

VAMOS PRATICAR AS LETRAS: Q e R

Q Q Q Q Q Q

q q q q q q

R R R R R R

r r r r r r

VAMOS PRATICAR AS LETRAS: S e T

S

s

T

t

VAMOS PRATICAR AS LETRAS: U e V

U U U U U U U

u u u u u u

V V V V V V V

v v v v v v

VAMOS PRATICAR AS LETRAS: W e X

W W W W W W W

w w w w w w w

X X X X X X

x x x x x x

VAMOS PRATICAR AS LETRAS: Y e Z

Y Y Y Y Y Y

y y y y y y

Z Z Z Z Z Z

z z z z z z

PRATIQUE AS PALAVRAS QUE COMEÇAM COM A VOGAL A:

AMOR

amor

ALUNO

aluno

PRATIQUE AS PALAVRAS QUE COMEÇAM COM A VOGAL E:

ESCOLA

escola

EDUCAR

educar

PRATIQUE AS PALAVRAS QUE COMEÇAM COM A VOGAL I:

IGUANA

iguana

ILHA

ilha

PRATIQUE AS PALAVRAS
QUE COMEÇAM COM A VOGAL O:

ORELHA

orelha

OCEANO

oceano

PRATIQUE AS PALAVRAS
QUE COMEÇAM COM A VOGAL U:

URUBU

urubu

UNIVERSO

universo

AGORA É COM VOCÊ!

ARARA

POLVO

TOURO

GORILA

AGORA É COM VOCÊ!

SOLDADO

FOGUETE

SEREIA

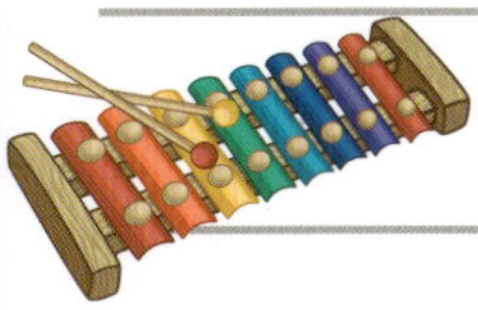

XILOFONE

AGORA É COM VOCÊ!

ROBÔ

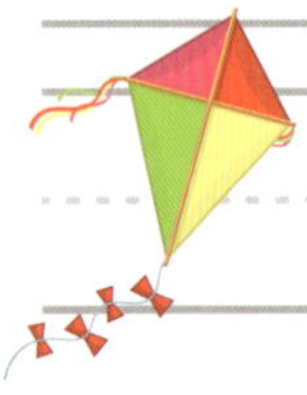

PIPA

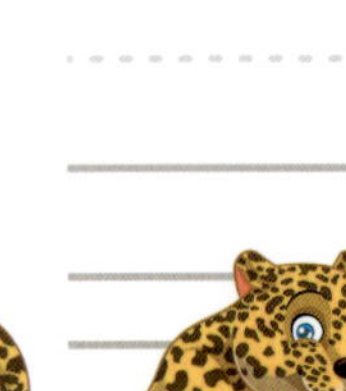

TUCANO

ONÇA